RÈGLEMENT GÉNÉRAL

SUR

L'EXPLOITATION DES MINES

DÉCRET DU 13 AOUT 1911

portant règlement général sur l'exploitation des mines de combustibles,

Modifié par le décret du 25 septembre 1913

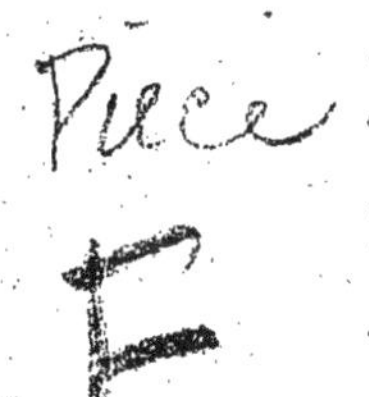

SAINT-ÉTIENNE

SOCIÉTÉ ANONYME DE L'IMPRIMERIE THÉOLIER.

12, Rue Gérentet, 12

—

1928

RÈGLEMENT GÉNÉRAL

SUR

L'EXPLOITATION DES MINES

Il est formellement interdit de fumer dans la mine et d'y apporter des pipes, du tabac à fumer, du papier à cigarettes, des allumettes ou tous autres engins pouvant produire de la flamme

(Article 101 du Règlement général.)

TITRE Ier

Installations de la surface.

SECTION I

Dispositions générales.

Article premier. — Les installations de surface des mines et de celles de leurs dépendances qui sont placées sous la surveillance de l'administration des mines sont soumises aux dispositions du présent titre.

Art. 2. — Les carreaux des mines doivent être efficacement séparés des propriétés voisines par des murs, clôtures ou fossés.

Il est interdit d'y circuler sans autorisation de l'exploitant.

Art. 3. — L'abord de toute fouille située dans un terrain non clos doit être garanti, sur les points dangereux, par un fossé creusé au pourtour et dont les déblais sont rejetés du côté des travaux pour y former une berge, ou par tout autre moyen de clôture offrant des conditions suffisantes de sûreté et de solidité.

Les dispositions qui précèdent sont applicables aux fouilles abandonnées.

Art. 4. — Nul ne peut pénétrer dans les bâtiments et les locaux de service s'il n'y est pas appelé par son emploi ou autorisé par l'exploitant.

Art. 5. — Les emplacements affectés au travail doivent

être tenus dans un état constant de propreté et présenter les conditions d'hygiène et de salubrité nécessaires à la santé du personnel.

Ils doivent être aménagés de manière à garantir la sécurité des travailleurs.

Art. 6. — L'atmosphère des ateliers et de tous les locaux affectés au travail doit être tenue constamment à l'abri de toute émanation provenant d'égouts, fosses, puisards, fosses d'aisances ou de tout autre source d'infection.

Les travaux dans les puisards, conduites de gaz, canaux de fumée, fosses d'aisances, cuves ou appareils quelconques pouvant contenir des gaz délétères ne sont entrepris qu'après que l'atmosphère a été assainie par une ventilation efficace, à moins qu'il ne soit fait usage d'appareils respiratoires.

Art. 7. — Les locaux fermés affectés au travail ne doivent jamais être encombrés ; le cube d'air par personne employée ne peut être inférieur à 7 mètres cubes.

Ces locaux sont largement aérés et, en hiver, convenablement chauffés ; ils doivent être bien éclairés ainsi que leurs dépendances et notamment les passages et escaliers.

Art. 8. — Les poussières ainsi que les gaz incommodes, insalubres ou toxiques, doivent être évacués directement au dehors des ateliers au fur et à mesure de leur production.

L'air des ateliers doit être renouvelé de façon à rester dans l'état de pureté nécessaire à la santé des ouvriers.

Pour les criblages établis antérieurement au présent règlement, qui ne satisferaient pas aux prescriptions du présent article, des dérogations peuvent être accordées par le service local.

Art. 9. — Les ouvriers ou employés ne doivent pas prendre leurs repas dans les locaux affectés au travail, à moins d'une autorisation spéciale donnée par le service local.

Art. 10. — Des cabinets d'aisances doivent être installés au jour. Leur nombre est d'un au moins par cinquante ouvriers occupés, au fond, au poste le plus chargé.

Les cabinets d'aisances ne doivent pas communiquer directement avec les locaux fermés où le personnel est appelé à séjourner. Ils sont éclairés, aérés et aménagés de manière à ne dégager aucune odeur ; le sol et les parois sont en matériaux imperméables.

Les cabinets sont tenus constamment propres ; il est interdit de les salir.

Art. 11. — Des bains-douches avec vestiaires doivent être

mis à la disposition du personnel à proximité de chaque siège d'extraction desservant des travaux où sont simultanément employés, au poste le plus chargé, plus de cent ouvriers au fond.

Art. 12. — Dans les sièges d'extraction occupant moins de cent ouvriers au fond ainsi que dans les dépendances des mines éloignées de tout siège d'extraction, dépourvus de bains-douches, un vestiaire avec lavabos est mis à la disposition du personnel. Ce vestiaire doit être éclairé, bien aéré, convenablement chauffé et tenu en état constant de propreté.

Art. 13. — Les moteurs mécaniques de toute nature ne doivent être accessibles qu'aux ouvriers affectés à leur surveillance. Ils sont isolés par des cloisons ou barrières de protection.

Les passages entre les machines, mécanismes, outils mus par ces moteurs, doivent avoir une largeur d'au moins 80 centimètres ; le sol des intervalles est nivelé.

Les escaliers doivent être solides et munis de fortes rampes.

Les puits et les trappes, ainsi que les cuves, bassins ou réservoirs de liquides corrosifs ou chauds, sont pourvus de solides barrières ou garde-corps.

Les échafaudages sont munis, sur toutes leurs faces, de garde-corps rigides de 90 centimètres au moins, à moins que les ouvriers ne fassent usage de ceintures de sûreté.

Art. 14. — Les monte-charges, ascenseurs, élévateurs sont guidés et disposés de manière que la voie de la cage du monte-charge et des contrepoids soit fermée; que la fermeture du puits à l'entrée des divers étages soit assurée automatiquement ou par enclenchement; que rien ne puisse tomber du monte-charge dans le puits.

Pour les monte-charges destinés à transporter le personnel, la charge doit être calculée au tiers de la charge admise pour le transport des marchandises; les monte-charges doivent être pourvus de freins, chapeaux, parachutes ou autres appareils préservateurs.

Les appareils de levage portent l'indication du maximum du poids qu'ils peuvent soulever.

Art. 15. — Toutes les pièces saillantes mobiles et autres parties dangereuses des machines et, notamment, les bielles, roues, volants, les courroies et câbles, les engrenages, les cylindres et cônes de friction ou tous autres organes de transmission qui seraient reconnus dangereux doivent être munis de dispositifs protecteurs, tels que gaines et chéneaux de bois ou de fer, tambours pour les courroies et les bielles, ou de couvre-engrenages, garde-mains, grillages.

Les machines-outils à instruments tranchants, tournant à grande vitesse, telles que machines à scier, fraiser, raboter, découper, hacher, les cisailles et autres engins semblables sont disposés de telle sorte que les ouvriers ne puissent, de leur poste de travail, toucher involontairement les instruments tranchants.

Sauf le cas d'arrêt du moteur, le maniement des courroies est toujours fait par le moyen de systèmes tels que monte-courroie, porte-courroie évitant l'emploi direct de la main.

On doit prendre autant que possible des dispositions telles qu'aucun ouvrier ne soit habituellement occupé à un travail quelconque dans le plan de rotation ou aux abords immédiats d'un volant, d'une meule ou de tout autre engin pesant et tournant à grande vitesse.

Toute meule tournant à grande vitesse doit être montée ou enveloppée de telle sorte qu'en cas de rupture ses fragments soient retenus, soit par les organes du montage, soit par l'enveloppe.

Une inscription très apparente, placée auprès des volants des meules et de tout autre engin pesant et tournant à grande vitesse, indique le nombre de tours par minute qui ne doit pas être dépassé.

Art. 16. — La mise en train et l'arrêt des machines d'atelier doivent être toujours précédés d'un signal convenu.

Art. 17. — L'appareil d'arrêt des machines motrices d'atelier doit toujours être placé sous la main des conducteurs qui dirigent ces machines et en dehors de la zone dangereuse prévue à l'article 15, paragraphe 4.

Les contremaîtres ou chefs d'atelier, les conducteurs de machines telles que les machines-outils, doivent avoir à leur portée le moyen de demander l'arrêt des moteurs.

Chacune de ces machines est, en outre, installée de manière que le conducteur puisse l'isoler de la commande qui l'actionne.

Art. 18. — Il est interdit de nettoyer et de graisser pendant la marche les transmissions et mécanismes dont l'approche serait dangereuse.

En cas de réparation d'un organe mécanique quelconque, son arrêt doit être assuré par un calage convenable de l'embrayage ou du volant; il en est de même pour les opérations de nettoyage qui exigent l'arrêt des organes mécaniques.

Art. 19. — Les ouvriers et ouvrières qui ont à se tenir près des machines doivent porter des vêtements ajustés et non flottants.

Art. 20. — Il est interdit de préposer à la conduite des chaudières et des machines motrices à vapeur des ouvriers de moins de dix-huit ans.

Art. 21. — Les sorties des ateliers sur les cours, vestibules, escaliers et autres dégagements intérieurs, doivent être munies de portes s'ouvrant de dedans en dehors ou de portes roulantes. Ces sorties doivent être assez nombreuses pour permettre l'évacuation rapide de l'atelier; elles doivent être toujours libres et jamais encombrées de matières en dépôt ni d'objets quelconques.

Le nombre des escaliers est calculé de manière que l'évacuation de tous les étages d'un corps de bâtiment contenant des ateliers puisse se faire immédiatement.

Dans les ateliers occupant plusieurs étages, la construction d'un escalier incombustible peut, si la sécurité l'exige, être prescrite par le service local.

Les récipients pour l'huile ou le pétrole servant à l'éclairage sont placés dans des locaux séparés des ateliers et jamais au voisinage des escaliers.

Art. 22. — Les exploitants sont tenus de prendre les précautions nécessaires pour que tout commencement d'incendie puisse être rapidement et efficacement combattu.

Une consigne affichée dans chaque local de travail indique le matériel d'extinction et de sauvetage qui doit s'y trouver et les manœuvres à exécuter en cas d'incendie, avec le nom des personnes désignées pour y prendre part.

La consigne prescrit des essais périodiques destinés à constater que le matériel est en bon état et que le personnel est préparé à en faire usage.

Art. 23. — Lorsque les voies extérieures constituant les dépendances d'une mine sont exploitées par machines, la circulation et les manœuvres sur ces voies font l'objet d'un règlement approuvé par le service local.

SECTION II

Installations électriques

Art. 24. — Les prescriptions des arrêtés pris par le ministre des travaux publics en conformité de l'article 19 de la loi du 15 juin 1906 sont applicables aux ouvrages de distributions d'électricité dépendant des mines et empruntant le domaine public en un point quelconque de leur parcours, ainsi qu'aux ouvrages de distributions établis exclusivement sur des terrains privés et s'approchant à moins de 10 mètres de distance horizontale d'une ligne télégraphique ou téléphonique préexistante.

Toutes les autres installations électriques, usines de production d'énergie et ouvrages d'utilisation établis à la surface dans les carreaux ou dépendances des mines, doivent satisfaire aux prescriptions des articles ci-après.

Art. 25. — Les installations électriques doivent comporter des dispositifs de sécurité en rapport avec la plus grande tension de régime existant entre les conducteurs et la terre.

Suivant cette tension, les installations électriques sont classées en deux catégories :.

Première catégorie.

A. *Courant continu.* — Installations dans lesquelles la plus grande tension de régime entre les conducteurs et la terre ne dépasse pas 600 volts.

B. *Courant alternatif.* — Installations dans lesquelles la plus grande tension efficace entre les conducteurs et la terre ne dépasse pas 150 volts.

Deuxième catégorie.

Installations comportant des tensions respectivement supérieures aux tensions ci-dessus.

Art. 26. — Les bâtis et les pièces conductrices des machines appartenant à des installations de la deuxième catégorie, non parcourus par le courant, doivent être reliés électriquement à la terre ou isolés électriquement du sol. Dans ce dernier cas, les machines sont entourées par un plancher de service non glissant, isolé du sol et assez développé pour qu'il ne soit pas possible de toucher à la fois à la machine et à un corps conducteur quelconque relié au sol.

La mise à la terre ou l'isolement électrique est constamment maintenu en bon état.

Les mêmes prescriptions sont applicables aux transformateurs dépendant d'installations de la deuxième catégorie; ces appareils ne doivent être accessibles qu'au personnel qui en a la charge.

Art. 27. — Si une machine ou un appareil électrique de la deuxième catégorie se trouve dans un local ayant en même temps une autre destination, la partie du local affectée à cette machine ou à cet appareil est rendue inaccessible, par un garde-corps ou un dispositif équivalent à tout autre personnel qu'à celui qui en a la charge ; une mention indiquant le danger doit être affichée en évidence.

Art. 28. — Dans les locaux destinés aux accumulateurs, dans les ateliers qui contiennent des explosifs et dans ceux où il peut se produire, soit des gaz détonants, soit des poussières inflammables, il est interdit d'établir des machines électriques à découvert, des lampes à incandescence non munies de double enveloppe, des lampes à arc ou aucun appareil pouvant donner lieu à des étincelles, sans qu'ils soient pourvus d'une enveloppe de sûreté les isolant de l'atmosphère du local.

La ventilation des locaux destinés aux accumulateurs doit être suffisante pour assurer l'évacuation continue des gaz dégagés.

Art. 29. — Les conducteurs établis sur les tableaux de distribution de courants appartenant à la première catégorie doivent présenter les isolements et les écartements propres à éviter tout danger.

Pour les tableaux de distribution portant des appareils et pièces métalliques de la deuxième catégorie, le plancher de service sur la face avant (celle où se trouvent les poignées de manœuvre et les instruments de lecture) doit être isolé électriquement et établi comme les planchers entourant les machines.

Quand des pièces métalliques ou appareils de la deuxième catégorie sont établis à découvert sur la face arrière du tableau, un passage entièrement libre de 1 mètre de largeur et de 2 mètres de hauteur au moins est réservé derrière lesdits appareils et pièces métalliques ; l'accès de ce passage est défendu par une porte fermant à clef, laquelle ne peut être ouverte que par ordre du chef de service ou par ses proposés à ce désignés ; l'entrée en sera interdite à toute autre personne.

Art. 30. — Les passages ménagés pour l'accès aux machines et appareils de la deuxième catégorie placés à découvert ne peuvent avoir moins de 2 mètres de hauteur ; leur largeur mesurée entre les machines, conducteurs ou appareils eux-mêmes aussi bien qu'entre ceux-ci et les parties métalliques de la construction ne doit pas être inférieure à 1 mètre.

Dans tous les locaux, les conducteurs et appareils de la deuxième catégorie doivent, notamment sur les tableaux de distribution, être nettement différenciés des autres par une marque très apparente, une couche de peinture par exemple.

Dans les locaux où le sol et les parois sont très conducteurs, soit par construction, soit par suite de dépôts salins on ne doit jamais établir, à la portée de la main, des conducteurs ou des appareils placés à découvert.

Art. 31. — Les salles des machines génératrices d'électricité et les sous-stations doivent posséder un éclairage de secours continuant à fonctionner en cas d'arrêt du courant.

Art. 32. — Les canalisations nues appartenant à une installation de la deuxième catégorie doivent être établies hors de la portée de la main sur des isolateurs convenablement espacés et être écartées des masses métalliques telles que piliers ou colonnes, gouttières, tuyaux de descente, etc., etc.

Les canalisations nues appartenant à une installation de la première catégorie établies à l'intérieur des ateliers ou bâtiments, et qui sont à portée de la main, doivent être signalées à l'attention par une marque bien apparente; l'abord en est défendu par un dispositif de garde.

Les enveloppes des autres canalisations doivent être convenablement isolantes.

Art. 33. — Aucun travail n'est entrepris sur des conducteurs de la première catégorie en charge sans que des précautions suffisantes assurent la sécurité de l'opérateur.

Des dispositions doivent être prises pour éviter l'échauffement anormal des conducteurs à l'aide de coupe-circuits, plombs fusibles ou autres dispositifs équivalents.

Toute installation reliée à un réseau comportant des lignes aériennes de plus de 500 mètres doit être suffisamment protégée contre les décharges atmosphériques.

Art. 34. — Les colonnes, les supports et, en général, toutes les pièces métalliques de la construction qui risqueraient, par suite d'un accident sur la canalisation, d'être accidentellement soumis à une tension de la deuxième catégorie, doivent être convenablement reliés à la terre.

Art. 35. — Il est formellement interdit de faire exécuter aucun travail sur les lignes électriques de la deuxième catégorie sans les avoir, au préalable, coupées de part et d'autre de la section à réparer. La communication ne peut être rétablie que sur l'ordre exprès du chef de service; ce dernier doit avoir été, au préalable, avisé par chacun des chefs d'équipe que le travail est terminé et que le personnel ouvrier est réuni au point de ralliement fixé à l'avance.

Pendant toute la durée du travail, la coupure de la ligne doit être maintenue par un dispositif tel que le courant ne puisse être rétabli que sur l'ordre du chef de service.

Dans les cas exceptionnels où la sécurité publique exige

qu'un travail soit entrepris sur des lignes en charge de la deuxième catégorie, il ne doit y être procédé que sur l'ordre exprès du chef de service et avec toutes les précautions de sécurité qu'il indiquera.

Art. 36. — Il est interdit de faire exécuter des élagages ou des travaux analogues pouvant mettre directement ou indirectement le personnel en contact avec des conducteurs ou pièces métalliques de la deuxième catégorie sans avoir pris des précautions suffisantes pour assurer la sécurité du personnel par des mesures efficaces d'isolement.

Art. 37. — Les lignes téléphoniques, télégraphiques ou de signaux, particulières aux mines ayant des installations électriques et affectées à leur exploitation, qui sont montées, en tout ou partie de leur longueur, sur les mêmes supports qu'une ligne électrique de la deuxième catégorie, sont soumises aux prescriptions réglant les installations de deuxième catégorie.

Leurs postes de communication, leurs appareils des manœuvres ou d'appel doivent être disposés de telle manière qu'il ne soit possible de les utiliser ou de les manœuvrer qu'en se trouvant dans les meilleures conditions d'isolement par rapport à la terre, à moins que leurs appareils ne soient disposés de manière à assurer l'isolement de l'opérateur par rapport à la ligne.

Art. 38. — L'exploitant est tenu d'afficher dans un endroit apparent des salles contenant des installations de la deuxième catégorie :

1° Un ordre de service indiquant qu'il est dangereux et formellement interdit de toucher aux pièces métalliques ou conducteurs soumis à une tension de la deuxième catégorie, même avec des gants en caoutchouc, ou de se livrer à des travaux sur ces pièces et conducteurs, même avec des outils à manche isolant;

2° Une instruction sur les premiers soins à donner aux victimes des accidents électriques, rédigée conformément aux termes qui seront fixés par un arrêté du ministre des travaux publics.

Art. 39. — Dans les deux mois qui suivront la promulgation du présent règlement, l'exploitant doit adresser à l'ingénieur en chef des mines un schéma de ses installations électriques de la deuxième catégorie indiquant : l'emplacement des usines, sous-stations, postes de transformations et canalisations.

Une note jointe indiquera si, par application des articles du présent règlement concernant les machines et transformateurs de la deuxième catégorie, les bâtis et les masses métalliques non parcourus par le courant sont isolés électriquement du sol ou s'ils sont reliés à la terre. La même note donnera les renseignements techniques nécessaires pour assurer le contrôle de l'exécution des prescriptions du présent règlement (nature du courant, tensions des différentes parties de l'installation, etc.).

Dans la première quinzaine de chaque année, le schéma et les renseignements qui l'accompagnent sont complétés, s'il y a lieu, par l'exploitant et les modifications transmises à l'ingénieur en chef des mines.

En cas de modifications importantes ou d'installations nouvelles, le schéma et les renseignements complémentaires sont adressés à l'ingénieur en chef des mines avant la mise en exploitation.

TITRE II

Puits et galeries débouchant au jour, puits intérieurs.

SECTION I

Dispositions générales.

Art. 40. — En dehors de la période préparatoire, aucun travail ne peut être poursuivi dans une mine sans qu'elle ait au moins, avec le jour, deux communications par lesquelles puissent circuler en tout temps les ouvriers occupés dans les divers chantiers de la mine.

Dans les installations futures, les orifices au jour de ces communications doivent être séparés par une distance de 30 mètres au moins; elles ne devront pas déboucher dans le même bâtiment.

Art. 41. — En dehors de la période préparatoire, les constructions recouvrant l'orifice des puits ne pourront à l'avenir être faites qu'en matériaux incombustibles. En aucun cas, elles ne peuvent contenir à demeure d'approvisionnement de substances facilement inflammables.

Des dispositions doivent être prises pour qu'en cas d'incendie survenant au jour les fumées ne puissent pénétrer dans les travaux.

Art. 42. — Les orifices au jour des puits et des galeries d'une inclinaison dangereuse, sur lesquels n'existe pas à la surface de surveillance ou de service continu, doivent être défendus par une clôture efficace.

Sauf dérogation accordée par le service local, les orifices au jour des autres galeries, lorsque ces orifices ne sont pas gardés, doivent être munis d'une porte qui, tout en pouvant s'ouvrir librement de l'intérieur, ne peut s'ouvrir de l'extérieur qu'à l'aide d'une clef.

Art. 43. — Les orifices au jour des puits et des galeries d'une inclinaison dangereuse, lorsque ces puits ou galeries sont en service continu, seront clos ou munis de barrières disposées de façon à empêcher la chute des hommes et du matériel. Seront disposées de même à l'intérieur les ouvertures intérieures de tout puits, ainsi que toute fendue ou cheminée.

Dans tout puits où se fait, par cages guidées, l'extraction, le service des remblais ou la circulation du personnel, les barrières aux étages en service normal seront munies de dispositifs tels que leur fermeture soit assurée par des moyens automatiques ou par enclenchement tant que la cage n'est pas à la recette. Les barrières des autres recettes seront, à défaut de fermetures automatiques ou par enclenchement, soit cadenassées, soit tenues fermées et gardées par un ouvrier spécialement commissionné à cet effet. Les dispositions qui précèdent sont applicables aux balances ou monte-charges souterrains, sauf aux étages inférieurs, lorsqu'il n'y a pas au-dessous de vides dangereux.

Art. 44. — Toute recette, à la surface et au fond, doit être munie, dans les puits non guidés, d'une barre en fer solidement fixée, qui puisse servir de point d'appui au receveur pendant les manœuvres.

Art. 45. — Les ouvriers effectuant des manœuvres, soit entre les barrières et le puits, soit aux abords des puits, en cas de suppression momentanée des barrières, doivent être munis de ceintures de sûreté.

Art. 46. — Tout puits dont la profondeur est telle que la communication à la voix ne puisse s'effectuer régulièrement doit être muni de moyens de communication permettant l'échange de signaux entre chaque recette et la surface.

Les signaux à échanger pour les diverses manœuvres sont affichés d'une façon permanente tant à la surface qu'au fond.

Ils doivent être établis de façon à éviter toute confusion entre ceux qui se rapportent aux diverses recettes.

Art. 47. — Dans le puits principal de tout siège d'extraction où sont occupés cent ouvriers au moins au poste le plus chargé, les recettes principales, situées à plus de 100 mètres de profondeur, servant normalement à l'extraction ou à la circulation du personnel, doivent être munies d'appareils, tels que téléphones, permettant l'échange de conversations avec la surface.

Art. 48. — Pendant toute la durée du service, la recette à la surface, la nuit, et les recettes intérieures doivent être bien éclairées par des lumières fixes.

Art. 49. — Une visite détaillée de chaque puits où s'effectue l'extraction, le service des remblais ou la circulation du personnel, est faite une fois au moins par semaine par un agent compétent. Les résultats de la visite sont consignés sur un registre spécial.

Art. 50. — Les réparations dans les puits se font au moyen d'une cage, d'une benne ou d'un plancher de travail, établis dans des conditions qui garantissent les ouvriers contre les chutes.

A défaut d'un dispositif satisfaisant à ces conditions, aucun travail de réparation ne peut être exécuté sans l'emploi, par les ouvriers, d'une ceinture de sûreté.

Art. 51. — Les treuils mus à bras d'homme doivent être munis d'un cliquet ou d'un appareil équivalent; les manèges, d'un frein ou d'une fourche traînante; les treuils à moteur mécanique, de dispositifs permettant d'immobiliser les câbles.

SECTION II

Circulation dans les puits.

Art. 52. — Tous les puits où le personnel circule normalement par les câbles doivent être munis, indépendamment de l'appareil principal de circulation, soit d'échelles, soit d'un deuxième appareil de circulation ou d'un appareil de secours à câbles indépendants.

Dans une au moins des communications avec le jour, prévues par l'art. 40, des échelles sont établies depuis l'étage inférieur jusqu'au jour, à moins que les ouvriers ne puissent sortir par des galeries ou que deux de ces communications ne soient pourvues d'appareils de circulation par câble, entièrement indépendants, et tenus constamment prêts à fonctionner.

Dans les puits servant à l'extraction ou à la circulation normale des ouvriers et qui sont pourvus d'un puisard, des échelles doivent être disposées de la recette inférieure d'extraction jusqu'au fond du puisard.

Art. 53. — Le compartiment des échelles est séparé par une cloison du compartiment d'extraction; il est aussi séparé de celui d'épuisement lorsque l'épuisement se fait par maîtresse tige.

Par exception, dans les puits de faible profondeur et de faible section, les échelles peuvent être placées dans le compartiment d'extraction, mais la circulation par les échelles et le service de l'extraction ne peuvent pas avoir lieu simultanément.

Les échelles placées dans les retours d'air généraux des mines à grisou ou à feux ne peuvent être employées pour la circulation normale du personnel.

Art. 54. — Dans les puits de plus de dix mètres de profondeur, l'inclinaison des échelles ne peut être supérieure à 80 degrés à moins d'une dérogation accordée par le service local ; des paliers de repos sont établis à dix mètres au plus les uns des autres.

Toute échelle doit dépasser d'un mètre au moins le palier qui la surmonte ; à défaut, des poignées fixes sont établies sur une hauteur égale.

Les échelles établies dans les puisards ne sont pas soumises aux dispositions du présent article.

Art. 55. — Il est interdit dans la circulation par les échelles de porter à la main, la lampe exceptée, des outils et objets lourds quelconques qui, par leur chute, pourraient produire des accidents.

Ces outils et objets doivent être fixés au corps ou portés dans un sac solidement fixé aux épaules.

Si des échelles sont temporairement hors d'usage, des dispositions sont prises pour que nul ne puisse y circuler, sauf pour les réparer.

Art. 56. — Une consigne, qui sera affichée en permanence aux abords du puits, fixe les conditions de la circulation du personnel et, notamment, le nombre de personnes qui peuvent être transportées par cordées ; les heures d'entrée et de sortie ; les mesures auxquelles les ouvriers doivent se soumettre pour le maintien de la sécurité et du bon ordre ; les conditions de la circulation des enfants au-dessous de seize ans ; la vitesse maximum de translation et, s'il y a lieu, les points de ralentissement.

En aucun cas, la vitesse de translation ne doit dépasser dix mètres par seconde. Si la circulation s'effectue exclusivement par un câble, il en est fait mention dans la consigne.

Des signaux spéciaux doivent être faits en cas de translation du personnel et notamment pour éviter les mouvements prématurés de la cage.

Art. 57. — A chaque recette, l'entrée et la sortie du personnel s'opèrent sous la surveillance d'un préposé spécialement désigné à cet effet ; les ouvriers sont tenus de se conformer à ses instructions.

Aux recettes intérieures, une chaîne est placée à hauteur de ceinture, à deux mètres au moins des bords du puits ;

les ouvriers ne peuvent la dépasser que lorsque leur tour sera venu de monter dans la cage.

Art. 58. — Pendant la circulation du personnel par un des câbles, l'autre câble ne peut être utilisé que pour le transport du personnel ou du matériel vide.

Toutefois, des dérogations à cette prescription peuvent être accordées par le service local lorsqu'elles sont nécessitées par l'équilibrage des charges.

La cage descendant le personnel ne peut contenir, en outre des ouvriers, que leurs outils et des wagons vides ; celle par laquelle remonte le personnel ne peut contenir des wagons chargés aux mêmes étages que le personnel.

Art. 59. — Le service de la machine, pendant tout le temps que dure la circulation du personnel, est assuré par un mécanicien et un aide-mécanicien.

Lorsque cette circulation est peu importante ou exceptionnelle, il suffit que le mécanicien, tout le temps qu'elle dure, soit assisté d'une personne capable d'arrêter le mouvement de la machine en cas de besoin. Il en est de même dans les puits en fonçage.

Les dispositions du présent article ne s'appliquent pas aux appareils d'extraction pourvus de dispositifs automatiques tels que la vitesse de la cage à l'arrivée au jour ne puisse dépasser 1 mètre par seconde et que la cage ne puisse monter jusqu'aux molettes.

Art. 60. — Durant toute la circulation du personnel, il est interdit aux receveurs des recettes ainsi qu'aux mécaniciens de quitter leur poste pour quelque motif que ce soit. Le mécanicien doit pouvoir à tout instant agir sur le levier du changement de marche, le régulateur ou le frein ; le frein doit être serré pendant que la cage est à la recette.

Art. 61. — Les cages à guidage rigide par lesquelles circule normalement le personnel doivent être munies de parachutes et de mains courantes : les cages sont construites de façon à empêcher toute chute de personne hors de la cage et à éviter que les objets extérieurs ne puissent en tombant pénétrer dans la cage.

Les parachutes peuvent être calés pendant l'extraction des produits ou la descente des remblais ou du matériel.

Les cages doivent être agencées de telle sorte que si elles viennent à être immobilisées accidentellement en un point quelconque de leur parcours, les ouvriers puissent en être retirés.

Art. 62. — Dans les puits non guidés, le personnel ne peut circuler que sur le fond des bennes, à moins d'être relié par une ceinture de sûreté au câble ou au dispositif de suspension.

La ceinture de sûreté est obligatoire dans tous les cas lorsqu'on emploie des bennes de moins de 80 centimètres de profondeur.

Sauf dans les puits en fonçage, les bennes par lesquelles circule normalement le personnel doivent être munies d'un chapeau d'un diamètre au moins égal à celui de la benne : ce chapeau sera disposé de manière à rester $1^m,50$ au moins au-dessus de la benne.

Les dispositions nécessaires sont prises au jour et aux recettes intérieures pour assurer la sécurité de l'entrée et de la sortie.

Art. 63. — Dans les puits en fonçage, les bennes non guidées ne peuvent jamais être remplies à plus de 20 centimètres du bord.

Les objets qui dépassent le bord de la benne doivent être attachés aux chaînes ou aux câbles.

TITRE III

Plans inclinés.

Art. 64. — Les poulies des plans inclinés automoteurs doivent être munies d'un frein à contrepoids normalement serré ; il est interdit de caler l'appareil dans la position de desserrage.

Les treuils des plans inclinés avec moteurs et ceux des descenderies sont disposés conformément aux prescriptions de l'article 51.

Des dispositions doivent être prises pour éviter que le freineur, à sa place de manœuvre, puisse être atteint, soit par les wagons qu'il manœuvre, soit par les câbles en mouvement.

Art. 65. — La recette supérieure du plan et les recettes intermédiaires sont normalement fermées par des taquets, barrières, chaînes ou traverses, de manière à prévenir la chute des hommes et à empêcher les véhicules de pénétrer inopinément sur le plan ; les wagons ne doivent pouvoir être mis en mouvement que sous l'impulsion volontaire de l'ouvrier chargé de leur manœuvre.

Les crochets d'attelage sont disposés de façon à ne pas se détacher pendant la marche.

Art. 66. — Les galeries dans lesquelles débouchent des plans inclinés, des descenderies ou des cheminées, doivent être protégées par des moyens appropriés, de façon que les hommes qui s'y trouvent ne puissent être atteints par des wagons ou autres objets.

Dans les descenderies en fonçage ou dans les plans inclinés en remblayage, des dispositions sont prises pour arrêter les dérives de wagons.

Art. 67. — Il est interdit aux ouvriers de la recette supérieure de placer les wagons sur les rails des plans inclinés ou de les disposer de façon qu'ils puissent aisément passer sur ces rails, avant d'avoir accroché les wagons au câble, à moins que le plan ne soit muni de dispositifs de nature à empêcher la marche en dérive des wagons non attelés.

Il est interdit aux ouvriers de la recette inférieure ou des recettes intermédiaires de se tenir dans le plan ou au fond du plan pendant la circulation des wagons ; ils doivent se placer, soit sur une voie transversale, soit, à défaut, dans des abris spéciaux disposés à cet effet.

Il est défendu de circuler par les wagons ou chariots-porteurs des plans inclinés et des descenderies, à moins d'une autorisation du service local fixant les conditions de la circulation.

Cette interdiction ne s'applique pas au transport des malades et des blessés.

Art. 68.— A moins que la communication à la voix ne donne lieu à aucune incertitude, tout plan incliné doit être muni de moyens spéciaux de communication entre les diverses recettes et le freineur ou le mécanicien et inversement.

Une consigne fait connaître les signaux à employer suivant les cas.

Art. 69. — Il est interdit de circuler sur les plans inclinés à chariot-porteur autrement que pour les traverser.

Sur les autres plans inclinés affectés au roulage, la circulation est réglée par une consigne approuvée par 'ingénieur en chef des mines.

La même consigne fixe les conditions dans lesquelles on peut traverser les plans.

Art. 70. — Lorsqu'un wagon a déraillé ou est arrêté par un accident quelconque, les mesures nécessaires seront prises par les freineurs ou mécaniciens, ainsi que par les receveurs d'amont, pour qu'il ne puisse se mettre en marche de lui-même ; la mise en mouvement ne doit avoir lieu qu'après que tous les hommes employés au relevage (et à la manœuvre) seront en sûreté.

Art. 71. — Dans les plans dont l'inclinaison est supérieure à 45 degrés, on ne peut procéder à des travaux de réparation que sur des planchers ou à l'aide d'une ceinture de sûreté.

Art. 72. — Lorsque le personnel devra circuler normalement par des voies inclinées à plus de 25 degrés, ces voies, si elles ne sont pas taillées en escaliers ou munies d'échelles, doivent être munies d'un câble ou d'une barre fixe pouvant servir de rampe.

Si l'inclinaison dépasse 45 degrés, les voies seront munies de paliers de repos.

TITRE IV

Roulage en galeries.

Art. 73. — Des mesures doivent être prises pour que les wagons en stationnement sur les voies ne partent pas en dérive et que les wagons en marche ne prennent pas une vitesse dangereuse.

Art. 74. — Il est interdit aux rouleurs de se mettre en avant de leurs wagons pour en modérer la vitesse dans les voies en pente, ainsi que d'abandonner les wagons à eux-mêmes sur de pareilles voies.

Dans les galeries basses, les rouleurs doivent manœuvrer les wagons à l'aide de crochets, de poignées en fer ou de tout autre dispositif qui puisse garantir leurs mains contre des blessures.

Art. 75. — Il est interdit de monter sur les wagons des trains affectés au transport du charbon ; exception peut être faite pour le personnel des trains par une consigne de l'ingénieur de la mine.

Lorsque le personnel est transporté par wagons isolés ou en trains, une consigne de l'exploitant, approuvée par l'ingénieur en chef des mines, fixe les mesures à observer pour le bon ordre et la sécurité.

Art. 76. — Sauf dans les galeries éclairées en permanence, une lampe doit être placée à l'avant du train, à moins que le conducteur ne doive précéder le train avec une lampe à la main.

Art. 77. — Il est interdit de remettre sur rails un wagon déraillé avant d'avoir dételé le cheval ou, en cas de traction mécanique, avant d'avoir obtenu l'arrêt du moteur.

Art. 78. — Dans les galeries où le roulage s'effectue, soit par chevaux, soit par un moyen mécanique quelconque, et qui ne sont pas assez larges pour qu'on puisse se garer sûrement sur l'accotement, on doit ménager dans les parois, à des intervalles qui ne dépassent pas 50 mètres, des refuges où deux personnes puissent s'abriter : ces refuges sont toujours tenus dégagés.

Art. 79. — Dans les galeries à traînage par chaînes ou câbles, la circulation du personnel ne peut avoir lieu, quand le roulage fonctionne, que par un passage de 60 centimètres de largeur au moins. Des signaux doivent être disposés de manière à ce qu'on puisse communiquer avec le machiniste d'un point quelconque du trajet.

Art. 80. — La traction par locomotives à l'intérieur de la mine et la traction électrique ne peuvent avoir lieu que conformément à une consigne approuvée par l'ingénieur en chef des mines et réglant les conditions de la circulation des trains et de celle du personnel.

TITRE V

Machines et câbles.

Art. 81. — Les dispositions des articles 15, paragraphes 1, 18, 19 et 20 sont applicables aux installations du fond comme à celles du jour. Celles des articles 13, paragraphe 1 et paragraphe 2 ; 15, paragraphe 3 et paragraphe 4, sont en outre applicables aux machines fixes installées au fond à demeure, telles que pompes d'épuisement, compresseurs fixes, treuils de puits inférieurs.

Art. 82. — Toute machine d'extraction établie à l'extérieur ou à l'intérieur doit être munie :

1° D'un frein capable d'arrêter le mouvement dans toutes les positions de la machine, qui puisse agir pendant le mouvement comme pendant l'arrêt de la machine, même en cas de rupture de la conduite du fluide moteur ou d'interruption du courant électrique, et être actionné par le mécanicien immédiatement et directement de la place de manœuvre.

2° D'un indicateur de la position de la cage ou de la benne dans le puits, placé en vue du mécanicien, sans préjudice des marques qui seront faites sur les câbles ;

3° D'une sonnerie, d'un timbre ou d'un sifflet annonçant l'arrivée de la cage à son approche du jour ;

4° D'un enregistreur de vitesse lorsque la vitesse de translation peut dépasser 12 mètres par seconde.

Art. 83. — Le frein des machines pour la circulation

normale du personnel doit être disposé de façon à agir automatiquement en cas de rupture de la conduite du fluide moteur ou d'interruption du courant électrique.

Art. 84. — Les chevalements doivent être disposés de telle manière que la cage ne puisse monter jusqu'aux molettes et retomber ensuite dans le puits.

Dans les installations nouvelles et en dehors de la période préparatoire, les machines d'extraction servant à la circulation normale du personnel seront munies d'un évite-molettes automatique; des dispositions seront prises pour que la cage ne puisse venir heurter les taquets du fond avec une vitesse dangereuse.

Art. 85. — Les dispositions de l'article 82, paragraphes 2, 3 et 4, et de l'article 84 ne sont pas applicables aux treuils de secours ni aux treuils souterrains desservant un quartier ou un étage, lorsque ces treuils ne servent pas à la circulation normale du personnel.

Art. 86. — Les chaudières à vapeur ne peuvent être établies à l'intérieur que sur une autorisation du service local.

Les parois des chambres des chaudières et les conduites d'évacuation des gaz chauds doivent être au rocher sans aucun soutènement ou garnissage en bois ou autre matière inflammable.

Art. 87. — Il est tenu sur chaque mine un registre spécial relatif aux câbles employés à l'extraction ou à la circulation normale du personnel.

Pour chaque câble mis en place, on note :

1° Sa composition et sa nature, y compris les essais qui ont été faits sur le câble neuf et ses éléments ;

2° Le nom et le domicile du fabricant ;

3° La date de la pose originaire ou de la repose après déplacement, et la nature du service auquel le câble est affecté ;

4° La charge qui ne doit pas être dépassée en service ;

5° La date et les circonstances des visites détaillées, y compris le nom de l'agent visiteur ;

6° La date et la nature des réparations, coupages, retournements, ainsi que la nature et le résultat des essais qui auraient été faits sur tout ou partie du câble ou sur certains de ses éléments ;

7° La date et la nature des accidents ;

8° La date et la cause de l'enlèvement définitif ou du déplacement ;

9° Le travail total effectué.

Art. 88. — Les appareils servant à la circulation normale du personnel, tels que les cages, les freins et les parachutes, doivent faire l'objet d'un examen attentif et journalier.

Chaque jour, avant la descente normale du personnel, il est fait une cordée d'essai à pleine charge dans chaque sens entre les recettes extrêmes en service. Pendant ces cordées d'épreuve, les indicateurs de position des cages sont vérifiés et câbles examinés.

Si quelque défaut est révélé, la circulation du personnel ne peut commencer avant qu'il y ait été porté remède.

Une visite détaillée des câbles et des appareils servant à l'extraction, avec essai du parachute, est faite une fois au moins par semaine par un agent compétent, qui consigne les résultats de sa visite sur le registre spécial prévu à l'article précédent.

Art. 89. — Tout câble servant à la circulation normale du personnel est assujetti aux prescriptions suivantes :

1° Le câble doit avoir subi au préalable des essais de rupture par traction; les fils des câbles métalliques doivent en outre avoir été soumis à des essais appropriés, notamment à des essais de flexion;

2° On doit procéder, une fois tous les trois mois, pendant la première année et une fois tous les deux mois pendant les années suivantes, au coupage de la patte sur une hauteur d'au moins 2 mètres. La partie coupée sera examinée et, s'il s'agit d'un câble métallique, un tronçon en sera décâblé pour l'examen de l'état des fils ;

3° Après chaque coupage réglementaire de la patte, on procède, dans le plus bref délai possible, à un essai de rupture par traction sur une partie saine du bout coupé, et, en outre, s'il s'agit d'un câble métallique, à de nouveaux essais de flexion sur les fils.

Toutefois, lorsque la cordée normale ne comprend pas plus de quatre personnes, les essais prévus au n° 3 ne sont pas obligatoires.

Art. 90. — Un câble métallique servant à la circulation normale du personnel ne doit travailler à aucune époque sous une charge supérieure à un sixième de sa résistance constatée par les essais de traction ; il est d'ailleurs retiré du service lorsque les essais de flexion montrent que les fils n'ont plus la flexibilité suffisante.

Un câble en textile servant à la circulation normale du personnel ne doit travailler à aucune époque sous une charge supérieure à un quart de sa résistance constatée par les essais de traction ; il est d'ailleurs retiré du service lorsque sa résistance accusée par les essais s'abaisse au-dessous de 400 kilogrammes par centimètre carré de la section transversale.

Lorsque, par application du dernier alinéa de l'art. 89, on ne procède pas aux essais périodiques sur les bouts coupés, le câble ne doit travailler à aucune époque sous une charge supérieure à un huitième de sa résistance à l'état neuf s'il s'agit d'un câble métallique, ou à un sixième de la même résistance s'il s'agit d'un câble en textile. Le câble ne peut être employé à la circulation normale du personnel que s'il n'a pas plus de deux ans de service.

Art. 91. — Les câbles servant à l'extraction par puits et non affectés à la circulation normale du personnel sont assujettis aux dispositions du 1° de l'article 89. S'ils font l'objet d'essais, en cours de service, ils doivent satisfaire au premier ou au deuxième alinéa de l'article 90 ; dans le cas contraire, leur charge doit être limitée comme il est dit au troisième alinéa du même article.

Les câbles employés dans les puits en fonçage sont soumis aux mêmes dispositions que les câbles employés à la circulation normale du personnel.

Art. 92. — Par exception, les câbles du système Koepe servant à la circulation normale du personnel ou à l'extraction, ne sont pas assujettis aux dispositions des articles 89, 90 et 91, sauf au 1° de l'article 89 qui demeure obligatoire. Ils ne doivent travailler à aucune époque sous une charge supérieure à un septième de leur résistance à l'état neuf, et ils ne peuvent être employés à la circulation normale du personnel que s'ils n'ont pas plus de deux ans de service.

Art. 93. — Tout câble doit, avant d'être mis en service pour la circulation normale du personnel, avoir été essayé pendant vingt voyages au moins à pleine charge et avoir été reconnu en bon état.

Après chaque coupage de la patte ou chaque renouvellement de l'attelage, le câble doit faire, avant d'être remis en service pour la circulation du personnel, quatre voyages d'épreuve au moins à pleine charge et être reconnu en bon état.

Les câbles épissés doivent, avant d'être remis en service, être essayés pendant vingt voyages au moins à pleine charge ; après cet essai, le bon état de l'épissure doit être constaté, mention en est faite au registre prévu à l'article 87.

Art. 94. — Un câble rendu suspect par son état apparent, notamment, s'il est métallique, par le nombre de ses fils cassés ou rouillés, ou par l'augmentation rapide du nombre de ses fils cassés, ne peut en aucun cas être maintenu en service.

En particulier, un câble métallique ne peut être maintenu en service pour la circulation normale de personnel s'il présente, dans une région quelconque, sur une longueur de 2 mètres, un nombre de fils cassés dépassant le dixième du nombre total des fils.

Il est interdit d'employer, pour la circulation normale du personnel, un câble changé de face pour cause de fatigue.

Art. 95. — Un câble de réserve propre à la circulation du personnel doit toujours être prêt à être mis en service.

TITRE VI

Travail au chantier.

Art. 96. — Dans tout chantier, ou dans tout travail fait simultanément par plusieurs ouvriers, le chef de chantier, ou à défaut de chef de chantier, l'ouvrier le plus âgé doit, en cas de danger, faire évacuer le chantier, avertir immédiatement les agents de surveillance, et jusqu'à leur arrivée garder ou barrer l'entrée du chantier pour en interdire l'entrée.

Art. 97. — Les ouvriers ne doivent pas quitter leur chantier avant d'en avoir assuré la solidité.

Art. 98. — Tout chantier doit être visité par un surveillant au moins une fois pendant la durée du poste.

Tout chantier suspect est visité au moins deux fois par poste.

Art. 99. — Il est interdit de faire travailler isolément un ouvrier dans les points où, en cas d'accident, il n'aurait pas à très bref délai quelqu'un pour le secourir.

Art. 100. — Il est interdit aux ouvriers de parcourir, sans permission spéciale, d'autres voies que celles qu'ils ont à suivre pour se rendre au chantier ou pour exécuter leur travail.

Art. 101. — Dans les mines où l'emploi des lampes de sûreté est obligatoire, il est interdit de fumer et d'y apporter des pipes, du tabac à fumer, du papier à cigarettes, des allumettes ou tous autres engins et matières pouvant produire de la flamme ainsi que tout outil pouvant servir à ouvrir indûment les lampes.

Les surveillants et agents assermentés sont autorisés à

visiter avant la descente du personnel les vêtements, paniers et sacs des ouvriers pour constater que ceux-ci ne portent pas d'objets interdits par le présent article.

Art. 102. — Les chantiers doivent être organisés de façon que tous les ouvriers occupés à un même chantier se comprennent entre eux.

Tous les surveillants, employés et ouvriers occupés à des opérations intéressant la sécurité collective (encageurs pour le personnel, machinistes, etc.), doivent comprendre et parler couramment le français.

Art. 103. — Tout chef de chantier, tout ouvrier travaillant isolément doit connaître suffisamment le français pour comprendre son surveillant, à moins que ce surveillant ne puisse lui-même se faire comprendre clairement dans une autre langue, de ce chef de chantier ou de cet ouvrier.

Art. 104. — Le soutènement doit être exécuté conformément à des règles générales fixées par l'exploitant, sans préjudice des mesures spéciales qui pourraient être nécessitées par l'état du chantier.

Les parties du front de taille où l'on continue à travailler après qu'elles ont été sous-cavées, doivent être convenablement consolidées ou soutenues.

Art. 105. — L'exploitation des couches de combustible doit être faite par remblai.

Les remblais doivent être effectués de manière à permettre une bonne organisation de l'aérage. Ils suivront le front de taille d'aussi près que possible.

Les galeries à abandonner doivent être remblayées avant leur délaissement toutes les fois que cela sera reconnu nécessaire.

Les remblais doivent être constitués de telle sorte qu'ils ne puissent donner lieu à des feux. En cas de remblayage hydraulique, les déchets de lavage et de triage peuvent être utilisés.

Art. 106. — Les chantiers ou galeries poussés vers des points où l'on peut craindre l'existence d'amas d'eau ou de remblais aquifères doivent être précédés de trous de sonde divergents de 3 mètres de longueur au moins.

Si des dégagements de gaz inflammables sont à redouter, les ouvriers doivent être munis de lampes de sûreté.

Art. 107. — Dans les chantiers où les ouvriers sont exposés à être mouillés, des vêtements imperméables sont mis à la disposition de chacun d'eux.

Art. 108. — Sauf en cas de nécessité absolue, le travail est interdit dans les chantiers dont la température atteint 35 degrés au thermomètre sec ou 30 degrés au thermomètre mouillé.

Art. 109. — Dans les chantiers de perforation mécanique en roches dures, des mesures doivent être prises pour protéger les ouvriers contre le danger des poussières.

TITRE VII

Aérage.

SECTION I

Dispositions générales.

Art. 110. — Tous les ouvrages souterrains accessibles aux ouvriers doivent être parcourus par un courant d'air régulier, suffisant pour déterminer l'assainissement, éviter toute élévation exagérée de température et garantir contre tout danger provenant des gaz nuisibles ou des fumées, dans les circonstances normales de l'exploitation.

A moins d'une dérogation accordée par le service local, la vitesse de l'air dans les puits et galeries ne peut dépasser 8 mètres par seconde, sauf dans les puits et dans les travers-bancs ou dans les retours d'air principaux qui ne servent pas normalement au transport des produits ou à la circulation du personnel.

Art. 111. — Les puits et galeries servant au parcours de l'air doivent rester en bon état d'entretien et être toujours facilement accessibles dans toutes les parties.

Art. 112. — Les foyers d'aérage sont interdits dans les mines de combustibles.

Art. 113. — Sauf dans la période préparatoire, l'aérage par goyots est interdit.

Art. 114. — Les courants d'air obtenus par des moyens mécaniques doivent, autant que possible, être dirigés dans le même sens que les courants d'air résultant de l'aérage naturel.

Art. 115. — Les travaux doivent être disposés de manière à réduire le nombre des portes pour diriger ou diviser le courant d'air.

Dans les galeries très fréquentées, on ne doit employer que des portes multiples, convenablement espacées; des mesures doivent être prises pour que l'une au moins de ces portes soit toujours fermée.

Il en est de même pour toute porte dont l'ouverture intempestive pourraitapporter des perturbations dans un ou plusieurs des courants d'air principaux.

Les portes doivent se refermer d'elles-mêmes.

Celles qui sont temporairement sans usage doivent être enlevées de leurs gonds.

Il est interdit de caler dans la position d'ouverture une porte d'aérage en service, sauf pendant la durée du passage d'un convoi.

Toute personne qui a ouvert une porte doit la refermer ; au cas où une porte ouverte ne peut être refermée, les agents de la surveillance doivent en être avertis.

Art. 116. — Il doit être procédé dans toute mine, tous les trois mois au moins, au jaugeage du courant d'air général et des courants d'air partiels.

Les résultats de ces jaugeages seront consignés sur un registre.

Art. 117. — Toute mine doit avoir un plan d'aérage tenu à jour sur lequel sont indiquées la direction et la répartition du courant d'air, la situation des portes principales ainsi que des stations de jaugeage

Art. 118. — Les voies et les travaux abandonnés, ou non aérés, doivent être rendus inaccessibles aux ouvriers.

SECTION II

Dispositions spéciales aux mines à grisou.

Art. 119. — Les mines à grisou sont classées comme mines franchement grisouteuses ou comme mines faiblement grisouteuses.

Ce classement est décidé par le service local, l'exploitant et le délégué à la sécurité des ouvriers mineurs entendus.

Il est fait par siège d'extraction ou par quartier indépendant, étant réputés quartiers indépendants ceux n'ayant de commun, au point de vue de l'aérage, que les voies principales d'entrée et de sortie d'air.

Art. 120. — L'exploitation des mines à grisou doit se faire autant que possible par étages pris en descendant, de manière qu'il n'y ait point de vieux travaux dangereux sous des travaux en activité.

Les mines importantes ou étendues sont divisées en quartiers indépendants.

Art. 121. — L'aérage doit être ascensionnel, sauf à considérer comme horizontales les galeries ayant moins de 3 % de pente. On peut toutefois, à titre exceptionnel, quand les conditions de l'exploitation l'exigent absolument, aérer par un courant d'air descendant un travail quelconque, à condition d'en avertir au préalable l'ingénieur en chef des mines.

Les dispositions qui précèdent ne sont pas applicables à l'aérage des montages au rocher ou au charbon, qui est réglé par une consigne soumise à l'approbation de l'ingénieur en chef des mines.

L'aérage, sauf pour les travaux préparatoires, ne peut avoir lieu par galandages, tuyaux ou canars.

Art. 122. — Les cloches se produisant aux toits des chantiers et galeries seront soigneusement remblayées, à moins qu'elles ne soient convenablement aérées et qu'elles ne soient visitées.

Dans les mines franchement grisouteuses, les remblais doivent être aussi imperméables que possible à l'air et serrés contre le toit.

Art. 123. — Les dispositions nécessaires doivent être prises à la surface pour que du grisou sortant de la mine ne puisse s'enflammer à un foyer ou à une flamme du voisinage.

Art. 124. — Toute mine franchement grisouteuse qui n'a pas deux ventilateurs, avec machine distincte, susceptibles chacun d'assurer l'aérage normal de la mine, doit avoir, outre le ventilateur assurant l'aérage normal, un autre ventilateur capable d'assurer la continuation de l'aérage et de permettre aux ouvriers de sortir en toute sécurité, en cas d'arrêt accidentel du ventilateur principal; si pareil arrêt se produit, on ne peut maintenir dans la mine, pour les travaux indispensables d'entretien, que le personnel jugé par l'ingénieur de la mine en rapport avec l'aérage restant.

Toute mine faiblement grisouteuse doit être munie d'un ventilateur au moins; le ventilateur ne peut être arrêté que sur l'ordre et suivant les conditions fixées par l'ingénieur de la mine.

Art. 125. — Tout arrêt accidentel d'un ventilateur doit être immédiatement signalé à l'ingénieur de la mine ou, en son absence, à l'agent de la surveillance le plus élevé en grade présent à la mine, qui prend immédiatement les mesures nécessaires pour assurer la sécurité du personnel et fait, s'il y a lieu, évacuer la mine. Si la mine a été évacuée, la rentrée des ouvriers ne peut avoir lieu que sur l'ordre et dans les conditions fixées par l'ingénieur de la mine, le tout sans préjudice des dispositions prévues à l'article 130 ci-après.

Lorsque la ventilation mécanique a été suspendue plus d'une heure pendant un chômage de l'exploitation, la rentrée du personnel aura lieu dans les conditions prévues au paragraphe précédent.

Art. 126. — Les ventilateurs sont placés, autant que possible, en un point et dans des conditions qui les mettent à l'abri en cas d'explosion; ils doivent être munis d'un manomètre à eau et d'un appareil enregistrant automatiquement les dépressions ou surpressions.

Art. 127. — Toute mine franchement grisouteuse doit être munie de moyens de ventilation à air comprimé ou de tous autres moyens mécaniques d'une efficacité équivalente pour assurer l'aérage auxiliaire de travaux particuliers ou exceptionnels.

Art. 128. — Les portes établies entre le puits d'entrée et le puits de sortie d'air, dans des conditions telles que leur destruction provoquerait un court-circuit d'aérage de nature à empêcher l'air de circuler dans les travaux en quantité suffisante, doivent être installées ou disposées de telle sorte qu'elles résistent à une pression d'au moins 10 kilogrammes par centimètre carré, à moins qu'il n'y ait des portes de secours disposées de manière à être à l'abri des explosions et pouvant être fermées en cas d'accident.

Art. 129. — Les travaux des étages dont l'exploitation est terminée ou abandonnée et qui pourraient occasionner des dangers doivent être efficacement isolés des travaux en activité ou ventilés; dans ce dernier cas, ils ont un retour d'air soigneusement écarté de tout chantier ou de toute galerie actuellement fréquentés.

Art. 130. — Tous les chantiers des mines franchement grisouteuses doivent être visités tous les jours, avant la reprise du travail, à la lampe de sûreté à flamme.

Dans les mines faiblement grisouteuses, cette visite peut n'être faite que le lendemain des jours de chômage ou après un arrêt de la ventilation.

Les visites sont faites par un agent spécialement désigné, dans les conditions fixées par une consigne de l'ingénieur de la mine.

Cette consigne indique, s'il y a lieu, les points que les ouvriers ne peuvent franchir avant que la visite ait été effectuée. Ces points sont indiqués dans la mine par des marques apparentes.

Les résultats de la visite sont consignés dans des registres spéciaux.

Art. 131. — Les prescriptions de l'article 130 relatives

aux mines faiblement grisouteuses doivent, dans les mines non grisouteuses, être appliquées aux quartiers suspects. Sont considérés notamment comme suspects les travaux se dirigeant vers des régions mal connues ou connues comme dangereuses.

Art. 132. — Sauf pour l'exécution des travaux indispensables en cas de sauvetage ou de danger imminent, il est interdit de travailler, de circuler ou de séjourner dans les points de la mine où le grisou marque à la lampe d'une façon dangereuse.

Est, en tout cas, considérée comme dangereuse une teneur en grisou supérieure à 2 %.

Une consigne de l'ingénieur de la mine fixe les indications de la lampe d'après lesquelles le chantier doit être évacué.

Si, en cas de sauvetage ou de danger imminent, il est nécessaire de travailler dans le grisou, les travaux ne peuvent être exécutés que d'après les indications directes de l'ingénieur, par des ouvriers de choix, sous la surveillance et en la présence continue d'un préposé spécial.

Art. 133. — Les ouvriers sont tenus de surveiller l'état de l'atmosphère de leur chantier, notamment à chaque reprise du travail. Si le grisou marque à la lampe d'une façon dangereuse, ils évacuent immédiatement le chantier et avertissent les agents de la surveillance.

Lorsqu'il est fait usage de lampes électriques portatives, il est mis à la disposition des ouvriers une lampe de sûreté à flamme par chantier.

Art. 134 — Des mesures immédiates doivent être prises pour assainir tout chantier où la présence du grisou a été signalée en quantité dangereuse.

Jusqu'à ce qu'il ait été assaini, l'accès du chantier est interdit par une fermeture efficace.

En attendant que cette fermeture ait pu être posée, l'accès est interdit par deux bois placés en croix.

Nul, sans ordre spécial, en dehors des ingénieurs ou surveillants, ne peut pénétrer dans un chantier interdit.

Art. 135. — Lorsque les chantiers sont dirigés vers d'anciens travaux ou vers des régions dans lesquelles on peut craindre des amas de grisou, ils doivent être précédés de sondages.

Dans le cas où le trou de sonde dénote la présence du grisou, les ouvriers arrêtent le travail, évacuent le chantier en plaçant à son entrée le signal d'interdiction, et préviennent un agentde la surveillance.

Art. 136. — Les accumulations accidentelles de grisou ne doivent être dissipées qu'avec la plus grande prudence et seulement lorsqu'on a la certitude de ne pas créer un danger sur le parcours de sortie. L'ingénieur de la mine dirige lui-même ces opérations ou délègue un surveillant pour les faire exécuter d'après ses instructions.

Art. 137. — Le nombre des chantiers simultanément en activité sur un même courant d'air doit être en rapport avec leur production, le volume d'air et le dégagement du grisou ; le retour d'air d'aucun chantier ne doit tenir plus de 1 1/2 °/₀ de grisou pour les courants exclusivement affectés à l'aérage de travaux de traçage, et 1 °/₀ pour tous autres courants d'air.

Art. 138. — Les jaugeages du courant d'air doivent être effectués à des intervalles d'un mois au plus.

Ils doivent être renouvelés dès que, par suite d'un nouveau percement, d'une modification dans les portes ou pour toute autre cause, il s'est produit ou il a pu se produire une modification importante dans la direction, la distribution ou la répartition de quelqu'une des branches principales du courant d'air.

Les jaugeages sont faits à l'entrée et à la sortie de la mine, à l'origine et à l'extrémité de chacune des branches principales du courant, et immédiatement en avant et en arrière des chantiers ou groupes de chantiers.

Les jaugeages autres que ceux concernant les chantiers sont effectués dans des stations à ce disposées.

Les résultats des jaugeages sont consignés à leur date sur le registre d'aérage.

Art. 139. — La teneur en grisou des retours d'air est relevée quotidiennement dans les mines franchement grisouteuses et au moins une fois par semaine dans les mines faiblement grisouteuses au moyen d'un indicateur donnant des résultats immédiats. Ces résultats sont contrôlés au moins une fois par mois au moyen d'un appareil de dosage. Les teneurs en grisou sont consignées à leur date sur le registre d'aérage.

Les indicateurs sont d'un type agréé par le ministre des travaux publics.

Art. 140. — Aucune modification ne peut être introduite dans les dispositions générales de l'aérage d'une mine sans l'ordre de l'ingénieur.

Toutefois, en cas d'urgence, les agents de la surveillance peuvent prendre les mesures immédiates nécessaires en en référant tout de suite à l'ingénieur.

Il est interdit d'obstruer entièrement ou partiellement un courant d'air.

TITRE VIII

Dispositions spéciales contre les poussières.

Art. 141. — Les mines de combustibles sont classées en trois catégories suivant les dangers qu'elles présentent en raison des poussières. Le classement est décidé par le service local, l'exploitant et le délégué à la sécurité des ouvriers mineurs entendus. Il est fait par siège d'extraction ou par quartier indépendant.

Art. 142. — Les dispositions prévues pour la ventilation des mines faiblement grisouteuses par l'article 124, ainsi que les disposition des articles 126 et 128, sont applicables aux mines poussiéreuses de première et deuxième catégories.

Dans ces mines, des dispositions doivent être prises pour éviter qu'une explosion de poussières se produisant dans un quartier quelconque puisse se propager dans un autre. Chaque quartier doit comprendre un nombre de chantiers aussi restreint que le permettent les conditions de la mine.

La détermination des quartiers et les mesures à prendre pour les isoler font l'objet d'une consigne établie par l'exploitant et soumise à l'approbation de l'ingénieur en chef des mines.

Il doit être procédé, en outre, tous les trois mois au moins, à l'enlèvement des poussières charbonneuses accumulées dans les galeries principales de roulage.

Art. 143. — Dans les mines poussiéreuses de première catégorie, l'emploi de wagons à parois non étanches est interdit pour le transport du charbon ; en vue d'éviter la dissémination des poussières, les wagons chargés de charbon doivent être arrosés avant de circuler dans les voies principales de roulage.

TITRE IX

Eclairage.

SECTION I

Dispositions générales.

Art. 144. — Dans les mines grisouteuses et dans les mines poussiéreuses de première catégorie ainsi que dans les quartiers suspects visés à l'article 131, il ne peut être fait usage que de lampes de sûreté ; toutefois, sauf dans les mines à dégagements instantanés de grisou, l'emploi de lampes à flamme protégée est autorisé dans la colonne et aux recettes des puits d'entrée d'air.

Art. 145. — Dans les mines non grisouteuses, à défaut de lampes de sûreté, il ne peut être fait usage que de lampes à flamme protégée. A tout siège d'extraction desdites mines, il doit y avoir au moins deux lampes de sûreté à flamme en bon état.

SECTION II

Prescriptions spéciales concernant l'emploi des lampes de sûreté.

Art. 146. — Les lampes de sûreté doivent être conformes à un des types agréés par le ministre des travaux publics.

Art. 147. — Les lampes de sûreté doivent être construites en matériaux de première qualité, parfaitement ajustées et constamment entretenues en bon état.

Elles sont munies de fermetures telles que leur ouverture en service ne puisse avoir lieu sans rompre ou fausser tout ou partie des organes et sans en laisser des traces apparentes.

Pour les lampes à essence, le réservoir doit être garni d'ouate et le remplissage effectué de manière que la lampe remise à l'ouvrier ne laisse pas égoutter d'essence quand on la renverse.

Art. 148. — Le service de la lampisterie doit être assuré par des agents expérimentés et faire l'objet d'une surveillance constante et rigoureuse.

Art. 149. — Chaque lampe porte un numéro distinct.

Avant la descente, la lampe est remise par le lampiste, et sous sa responsabilité, en parfait état, garnie et dûment fermée.

Toute personne qui reçoit une lampe doit s'assurer qu'elle est complète et en bon état ; elle doit refuser celle qui ne paraît pas remplir ces conditions.

Art. 150. — Un agent spécialement désigné vérifie l'état de chaque lampe après la remise par le lampiste et avant l'entrée dans les travaux.

Art. 151. — Un contrôle tenu à la lampisterie, sous la responsabilité du lampiste, doit permettre de connaître le nom de toute personne descendue dans la mine et le numéro de la lampe qui lui a été remise.

Art. 152. — Toute ouverture ou tentative d'ouverture de lampes de sûreté est formellement interdite dans les travsaux.

Une lampe éteinte dans la mine, si elle ne peut être rallumée par un rallumeur intérieur, doit être, soit échangée contre une lampe allumée, soit rallumée à la lampisterie au jour ou dans les postes souterrains fixés par une consigne qui doit avoir été approuvée par l'ingénieur en chef des mines.

Art. 153. — Toute lampe qui est détériorée pendant le travail ou dont le tamis vient à rougir doit être immédiatement éteinte et rapportée pour être échangée.

Art. 154. — Inscription immédiate doit être faite de tout échange de lampe.

Art. 155. — Les lampes ne doivent jamais être abandonnées dans les chantiers, même momentanément.

Art. 156. — Il est interdit de rallumer une lampe à l'aide d'un rallumeur intérieur lorsqu'on n'est pas certain de l'absence du grisou et du bon état de la lampe.

Art. 157. — Au sortir de la mine les lampes sont remises au lampiste qui relève et signale les défectuosités.

Quiconque ne rend pas au lampiste la lampe que celui-ci lui a remise le prévient des causes et conditions du changement.

SECTION III

Précautions à prendre pour l'emploi de l'essence.

Art. 158. — La conservation et la manutention de l'essence pour l'éclairage sont assujetties aux prescriptions suivantes, sans préjudice des dispositions auxquelles elles peuvent être soumises en vertu de la législation sur les hydrocarbures.

Art. 159. — Les dépôts d'essence doivent être installés de manière à éviter tout danger d'explosion ou d'incendie des bâtiments de la mine.

Art. 160. — Le nettoyage et le remplissage des lampes ne peuvent être effectués dans le même local.

Les locaux de remplissage doivent être écartés d'au moins dix mètres du bâtiment du puits ou des bâtiments y attenant. Ils sont séparés des locaux de dépôt ainsi que de ceux où s'opère la distribution des lampes aux ouvriers.

Ces locaux doivent être convenablement aérés, il ne doit s'y trouver ni feu ni foyer, il est interdit d'y fumer. Leur éclairage ne peut avoir lieu que par des lampes de sûreté ou des lampes électriques à incandescence.

La disposition de ces locaux doit permettre au personnel de les évacuer immédiatement et sans difficulté en cas de danger.

Les bâtiments où s'effectuent le nettoyage et le remplissage des lampes doivent être construits en matériaux incombustibles.

Art. 161. — La reprise de l'essence au dépôt et son transport au local de remplissage ne peuvent s'effectuer qu'à la lumière du jour, à moins que ce transport ne se fasse par une tuyauterie continue.

Art. 162. — L'essence conservée dans les locaux de remplissage ne peut être contenue que dans des récipients métalliques à fermeture hermétique d'une capacité maximum de 50 litres.

Dans tous les cas, des dispositions doivent être prises pour que le remplissage des lampes ne donne lieu à aucune perte d'essence.

Art. 163. — Le démontage, le nettoyage, le garnissage et le remontage des rallumeurs ne doivent pas être faits à la même table que le remplissage et la fermeture des réservoirs des lampes.

Les bandes de rallumeurs usées doivent être jetées dans des récipients pleins d'eau.

TITRE X

Explosifs.

SECTION I

Dispositions générales.

Art. 164. — La distribution des explosifs et des détonateurs dans la mine doit être effectuée conformément à une consigne de l'exploitant, qui ne peut être mise en application qu'après avoir été approuvée par l'ingénieur en chef des mines.

La même consigne, en tenant compte de la nature de l'explosif, fixe les précautions à prendre pour le chargement, le bourrage, l'amorçage et la mise à feu des coups de mine.

Art. 165. — Il est interdit de faire usage d'explosifs, de mèches de sûreté, de détonateurs, d'exploseurs et de bourroirs autres que ceux fournis par l'exploitant.

Les bourroirs doivent être exclusivement en bois.

Art. 166. — Il ne doit être remis aux ouvriers que la quantité d'explosifs et de détonateurs nécessaires au travail de la journée. Si des explosifs ou des détonateurs n'ont pas été utilisés à la fin de la journée, ils sont recueillis dans les conditions qui seront fixées par la consigne prévue à l'article précédent.

Il est interdit d'emporter à domicile des explosifs ou des détonateurs.

Art. 167. — Au chantier, les explosifs ne peuvent être conservés que dans des coffres fournis par l'exploitant et munis d'une fermeture solide. Les détonateurs doivent être renfermés dans des boîtes ou dans des étuis.

Il est interdit de mettre dans le même coffre des explosifs de nature différente. Les détonateurs doivent toujours être séparés des cartouches.

Les explosifs et les détonateurs doivent être tenus loin des lampes, de tous foyers, à l'abri de toute chute, des éboulements, de l'explosion des coups de mine, de l'humidité, et de tout choc violent.

Art. 168. — Les explosifs ne peuvent être employés qu'à l'état de cartouches préparées hors des travaux souterrains.

Les cartouches ne doivent être amorcées qu'au moment de leur emploi.

Toute cartouche amorcée et non utilisée doit être séparée de son amorce et mise en lieu sûr.

Art. 169. — Il est interdit d'abandonner sans surveillance ou sans barrage effectif du chantier un coup de mine chargé ou raté.

Art. 170. — Avant l'introduction de l'explosif, le trou de mine doit être débarrassé de toute poussière charbonneuse.

Les coups de mine doivent être soigneusement bourrés. Il est interdit de mêler des poussières charbonneuses au bourrage.

La hauteur du bourrage ne doit pas être inférieure à 20 centimètres pour les premiers 100 grammes de la charge, avec addition de 5 centimètres pour chaque centaine de grammes ajoutée, sans toutefois qu'il soit nécessaire de dépasser 50 centimètres.

S'il est fait usage d'explosifs détonants, la détonation de la cartouche est provoquée par une amorce assez énergique pour assurer la détonation de l'explosif, même à l'air libre.

Art. 171. — Aucun coup de mine, qu'il ait été allumé ou non, ne doit être débourré.

Art. 172.—A défaut de l'emploi de l'électricité, l'allumage des coups de mine doit se faire exclusivement au moyen du cordeau détonant ou au moyen de mèches de sûreté.

La longueur de la mèche à employer est fixée par une consigne de l'ingénieur de la mine, suivant la vitesse de combustion des mèches employées et le nombre de coups de mine à tirer simultanément. En aucun cas la longueur de la mèche, comptée depuis l'avant de la cartouche antérieure, ne doit être inférieure à 1 mètre et la longueur de la mèche hors du trou à 20 centimètres.

Avant de laisser employer des mèches de sûreté, l'exploitant doit procéder à des essais lui permettant de s'assurer que ces mèches ne présentent aucune défectuosité dangereuse. Les essais sont effectués sur chaque fourniture et comportent la combustion d'au moins 1 pour 1.000 des mèches de chaque lot. En aucun cas la vitesse de propagation de l'inflammation ne doit dépasser un mètre par minute.

Art. 173. — Aucun coup de mine ne peut être tiré sans que les ouvriers procédant au tir se soient assurés que tous les ouvriers du chantier ou des chantiers voisins, pouvant être atteints par l'explosion, sont convenablement garés. Les mesures nécessaires doivent être prises pour arrêter en temps utile ceux qui s'approcheraient trop du chantier.

Après le départ du coup, un des ouvriers du chantier reviendra pour en constater les effets. S'il reste de l'explosif dans le trou de mine, le travail d'abatage ne peut être repris que sur l'ordre de l'ingénieur de la mine ou d'un surveillant.

Art. 174. — Le tirage simultané dans un chantier de plus de quatre coups de mine ne peut se faire qu'à l'électricité.

On ne doit pas laisser un coup de mine chargé au voisinage d'un autre coup, dont l'explosion pourrait l'enflammer.

Art. 175. — Lorsqu'un coup de mine qui n'a pas été tiré à l'électricité n'a pas fait explosion, le chantier est consigné pendant une durée d'une heure au moins.

Avis immédiat doit en être donné à un agent de la surveillance.

L'emplacement des coups ratés est repéré et le coup doit être dégagé avec les précautions prévues à l'article suivant.

Art. 176. — Les trous de mine faits en remplacement de coups ratés sont percés sur l'indication d'un surveillant ou d'un boutefeu qui donnera, s'il y a lieu, les instructions utiles aux ouvriers du poste suivant. Ils ne peuvent être placés qu'à une distance du premier telle qu'il existe au moins 20 centimètres d'intervalle entre l'ancienne charge et les nouveaux trous.

Il est également interdit de creuser un nouveau trou passant à moins de 20 centimètres d'un trou ayant fait canon ou d'un fond de trou, sauf quand on a la certitude qu'il n'y est pas resté d'explosifs.

L'enlèvement des déblais du second coup doit se faire avec les précautions propres à éviter la détonation des explosifs qui auraient pu être projetés.

Art. 177. — Il est interdit d'approfondir les trous ayant fait canon, ainsi que les fonds de trous restés intacts après l'explosion, d'en retirer les cartouches ou portions de cartouches non brûlées qui pourraient y être restées, ou d'en entreprendre le curage.

Art. 178. — Les trous qui ont fait canon ou les fonds de trous peuvent être rechargés, sous la réserve que l'opération soit effectuée par des ouvriers expérimentés, sous une surveillance spéciale, après un intervalle d'une demi-heure au moins. Une boule d'argile grasse doit être introduite au fond du trou, et la nouvelle cartouche enfoncée très doucement, de manière à éviter tout choc.

SECTION II

Emploi des explosifs dans les mines grisouteuses ou poussiéreuses.

Art. 179. — Dans les mines grisouteuses ainsi que dans les mines poussiéreuses de 1re et 2e catégories et dans les quartiers suspects visés à l'article 131, l'emploi de la poudre noire est interdit.

Aucun autre explosif ne peut y être employé que sous les conditions fixées par un arrêté du ministre des travaux publics.

Art. 180. — Indépendamment des obligations sur la composition des explosifs et sur les cartouches, résultant des règlements sur les explosifs, les explosifs agréés ne peuvent être livrés à l'exploitant et reçus par lui qu'à la condition d'être accompagnés d'un bulletin établi par le fabricant et donnant les indications suivantes :

1° Nom de l'explosif et date de la décision ministérielle en agréant le type ;

2° Millésime et numéro de fabrication des caisses livrées ;

3° Composition centésimale de l'explosif ;

4° Nom de la fabrique.

Art. 181. — Dans les mines grisouteuses et dans les mines poussiéreuses de 1re et 2e catégories, le chargement et le bourrage des coups de mine ne peuvent être effectués que par des boutefeux spéciaux non intéressés dans le travail du chantier ou en leur présence et sous leur surveillance; l'allumage est fait exclusivement par les boutefeux. En cas d'éloignement trop grand d'un chantier, l'ingénieur de la mine peut désigner, par écrit, un ouvrier de choix pour faire fonctions de boutefeu dans le chantier où il est occupé.

Il est interdit dans les mêmes mines de confier des explosifs à des ouvriers ne remplissant pas les fonctions de boutefeu.

Art. 182. — Dans les mines grisouteuses, l'allumage des coups de mine ne peut avoir lieu qu'à l'électricité, à moins d'une autorisation du service local.

Aucun coup de mine ne peut être tiré avant que le boutefeu ou l'ouvrier en faisant fonctions ait constaté, par une visite minutieuse, l'absence de gaz.

Cette visite doit être faite immédiatement avant l'allumage de chaque coup ou le tir de chaque volée.

Art. 183. — Dans les mines poussiéreuses de 1re et 2e catégories, il est interdit de tirer plus d'un coup de mine à la fois autrement que par l'électricité.

TITRE XI

Incendies souterrains et dégagements instantanés de gaz nuisibles.

Art. 184. — Les salles de machines souterraines où se trouvent les appareils mus par la vapeur doivent être revêtues de matériaux incombustibles. Les ingrédients servant au graissage et au nettoyage n'y peuvent être conservés que dans des récipients métalliques ou dans des niches maçonnées avec portes métalliques. Les déchets gras ayant servi doivent être mis dans des boîtes métalli ques et enlevés régulièrement.

Art. 185. — Les retours d'air des écuries, ainsi que ceux des dépôts de fourrages et d'explosifs, doivent être établis de façon qu'en cas d'incendie les gaz nuisibles puissent être évacués sans passer par aucun chantier en activité ou galerie fréquentée.

Si cette condition ne peut être remplie pour les écuries en raison de l'éloignement des puits d'entrée et de sortie d'air, ces écuries et leurs dépôts doivent pouvoir être hermétiquement clos par des portes incombustibles.

Art. 186. — Dans les mines habituellement sujettes à des feux spontanés, l'aérage doit être assuré dans les conditions prévues tant par l'article 124 pour les mines faiblement grisouteuses, que par les articles 125, 126 et 127.

Des visites sont faites le lendemain des jours de chômage, avant la reprise du travail, en vue de constater l'absence d'incendie souterrain.

Des toiles ainsi que les matériaux nécessaires pour procéder rapidement à l'édification de barrages sont approvisionnés à la mine.

Art. 187. — Lorsqu'un incendie éclate au fond tout ouvrier qui le constate doit, si possible, tenter de l'éteindre et prévenir dans le plus bref délai le surveillant le plus proche.

Si un feu vient à se déclarer dans une mine où les lampes de sûreté ne sont pas obligatoires, il est interdit de travailler dans le voisinage du feu avec des lampes autres que les lampes de sûreté. L'ingénieur de la mine fait indiquer par des écriteaux bien visibles les limites qu'on ne peut franchir sans employer ces lampes dans les conditions prévues pour les mines à grisou.

Art. 188. — L'installation de barrages et l'ouverture de régions précédemment isolées par des barrages ne peuvent être effectuées qu'en présence d'un surveillant.

Pour l'exécution de ces travaux, les ouvriers doivent être munis de lampes de sûreté et des mesures doivent être prises pour que les gaz qui pourraient se dégager ne puissent s'allumer dans le parcours du courant d'air.

Dans les mines qui disposent d'appareils respiratoires, une équipe de sauvetage se tiendra à proximité des travaux.

Art. 189. — Dans les mines à feu où il se dégage du grisou, les mesures nécessaires doivent être prises pour que, dans aucun cas, un courant d'air chargé de grisou en proportion dangereuse ne vienne en contact du front des barrages établis pour circonscrire des feux.

Art. 190. — Dans les mines à feux, l'état des barrages doit être vérifié par des tournées effectuées une fois par jour au moins, y compris les jours de chômage; on devra s'assurer, dans ces tournées, que de nouveaux feux ne se sont pas déclarés.

Art. 191. — Toute mine doit disposer, au jour ou au fond, d'appareils d'extinction, entretenus constamment en bon état, permettant de combattre immédiatement tout commencement d'incendie souterrain. Des appareils doivent en tout cas être disposés au fond près des écuries ou des dépôts de fourrages.

Art. 192. — Dans les mines poussiéreuses des 1re et 2e catégories, exploitées par puits, des conduites d'eau sous pression doivent être établies dans la colonne du puits d'entrée d'air, en prévision d'incendies accidentels.

Dans les mines à feux, ces conduites sont prolongées dans les galeries principales.

Art. 193. — Le travail, dans les chantiers ou galeries où

on a lieu de craindre des dégagements instantanés de grisou ou d'acide carbonique, est conduit dans les conditions fixées par le service local.

Art. 194. — Dans les mines ou quartiers de mines exposés à des dégagements instantanés d'acide carbonique, des visites sont faites avant l'entrée des ouvriers dans les conditions stipulées à l'article 130 pour les mines faiblement grisouteuses.

TITRE XII

Emploi de l'électricité dans les travaux souterrains.

Art. 195. — Les installations électriques souterraines doivent satisfaire aux prescriptions prévues par les articles 24 à 39 pour les installations électriques du jour.

Elles sont en outre soumises aux dispositions énoncées dans les articles ci-après.

SECTION I

Dispositions générales.

Art. 196. — Dans tout circuit électrique, le courant doit pouvoir être coupé sur tous les conducteurs à chaque récepteur, transformateur, convertisseur, ainsi qu'aux principales dérivations d'éclairage.

Les appareils d'interruption seront aisément reconnaissables et disposés de manière à être facilement accessibles.

Art. 197. — La centrale électrique ou la sous-station origine du courant descendant au fond sera mise en communication, soit téléphoniquement, soit par tout autre moyen équivalent, avec les recettes des étages où existent des installations électriques.

Art. 198. — Dans tous les locaux où se trouvent des installations électriques de 2e catégorie, on disposera en des endroits facilement accessibles des crochets isolants, des pinces isolantes ou tout autre matériel approprié pour porter secours à des personnes victimes d'un accident dû à l'électricité.

SECTION II

Des canalisations établies à demeure.

Art. 199. — L'emploi des conducteurs nus est interdit dans les travaux souterrains, sauf pour la prise de courant en cas de traction électrique, pour l'allumage des coups de mines et pour les signaux.

L'emploi de conducteurs isolés sans armure n'est autorisé que pour les distributions de première catégorie. Dans les puits et dans les galeries inclinées à plus de 45 degrés, les conducteurs isolés sans armure doivent être placés sur isolateurs ou sous tubes métalliques étanches, isolés intérieurement.

Pour les lignes de 2e catégorie, il ne peut être fait usage que de câbles armés des meilleurs modèles connus, comportant une chemise de plomb sans soudure et une armure métallique.

Art. 200. — Les conducteurs nus et les conducteurs isolés sans armure ne peuvent être supportés directement par des crampons métalliques.

Dans les galeries boisées, les conducteurs doivent être supportés par des isolateurs essayés avec succès sous une tension triple de la tension en service ou être placés dans des tuyaux métalliques étanches isolés intérieurement.

Les mesures nécessaires doivent être prises pour que les conducteurs ne risquent pas de créer des contacts dangereux.

Art. 201. — Les câbles armés doivent être fixés de manière à ne pouvoir se rompre sous leur propre poids.

Des crochets de suspension ou de guidage sont disposés en nombre suffisant pour éviter tout flottement dangereux.

Dans les puits ou galeries humides, et dans les puits ou galeries de retour d'air, l'armure des câbles armés doit être protégée par un revêtement qui résiste efficacement aux actions de l'humidité.

SECTION III

Canalisations non établies à demeure.

Art. 202. — Il est interdit d'utiliser, pour des installations de la seconde catégorie, des canalisations non établies à demeure, sauf pour le service des puits et descenderies en fonçage.

Art. 203. — Les canalisations de première catégorie non établies à demeure doivent pouvoir supporter entre les conducteurs et la terre une tension double de la tension normale de service.

Art. 204. — Au point de jonction avec le réseau des conducteurs non établis à demeure, il doit être établi une boîte de raccordement avec interrupteur.

Le diamètre des tambours qui servent à l'enroulement des conducteurs doit être suffisant pour que, par la répétition des enroulements ou des déroulements, les isolants et l'enveloppe des conducteurs ne soient pas endommagés.

SECTION IV

Salles de machines, sous-station et postes de transformation.

Art. 205. — Les générateurs et récepteurs établis à demeure, leurs appareils de démarrage ainsi que les transformateurs doivent être cuirassés ou être installés dans des chambres non boisées et ne contenant pas de matières combustibles.

Des sacs ou seaux remplis de sable doivent être tenus en réserve dans les salles de machines et sous-stations diverses pour permettre l'extinction des incendies.

Art. 206. — Dans les locaux où le sol et les parois sont très conducteurs, soit par construction, soit par suite de dépôts salins ou d'humidité, on ne doit jamais établir, à portée de la main, des conducteurs ou appareils placés à découvert.

Les locaux non gardés doivent être fermés à clé. Des écriteaux très apparents sont apposés partout où il est nécessaire pour prévenir les ouvriers de l'interdiction et du danger d'y pénétrer.

Art. 207. — Il est interdit d'employer, autrement qu'à demeure, des moteurs de la deuxième catégorie, sauf pour le service des puits et descenderies en fonçage.

SECTION V

Tableaux de distribution.

Art. 208. — Les tableaux de distribution placés au fond doivent être construits en matériaux incombustibles pouvant résister à l'influence de l'humidité. Ils sont protégés efficacement contre la chute des gouttes d'eau.

Art. 209. — Pour les distributions de deuxième catégorie, et pour les distributions de première catégorie dans les parties très humides, tous les éléments conducteurs doivent être isolés de la paroi du tableau par des isolateurs.

SECTION VI

Traction par l'électricité.

Art. 210. — Il est interdit d'employer pour la traction des courants de deuxième catégorie, à moins d'une autorisation spéciale du service local.

Art. 211. — Dans les galeries où il est fait usage de la traction par l'électricité, le courant doit être coupé pendant la circulation à pied du personnel et pendant les travaux d'entretien, à moins que les conducteurs de prise du courant ne soient placés à $2^{m},20$ au moins de hauteur au-dessus du rail ou qu'ils ne soient protégés, exception faite des croisements ou bifurcations spécialement désignés sur place au personnel d'une manière très apparente.

L'interruption du courant n'est pas obligatoire lorsque la circulation à pied a lieu par un passage matériellement séparé des conducteurs aériens.

SECTION VII

Tir électrique.

Art. 212. — Les courants de deuxième catégorie ne peuvent être utilisés pour le tir des coups de mine.

Art. 213. — Si le courant nécessaire au tir est emprunté au réseau général, des précautions seront prises pour que les fils d'allumage ne puissent être intempestivement mis en contact avec les canalisations du réseau.

Le circuit d'allumage doit comporter une prise de courant et un interrupteur coupant tous les fils de dérivation et maintenant automatiquement la coupure, sauf au moment du tir.

La prise du courant et l'interrupteur sont placés dans une boite dont le boutefeu ou l'ouvrier préposé au tir auront seuls la clé.

Les fils d'allumage ne doivent être reliés à cette boîte qu'au moment du tir et en être détachés aussitôt après.

Art. 214. — S'il est fait usage d'exploseurs portatifs, l'organe de manœuvre doit être à la disposition exclusive du surveillant ou de l'ouvrier préposé au tirage qui ne le mettra en place qu'au moment d'allumer les coups.

Art. 215. — Il est interdit, dans l'intérieur d'un circuit d'allumage, d'employer la terre comme partie du circuit.

SECTION VIII

Dispositions spéciales aux mines à grisou.

Art. 216. — L'emploi de l'électricité est interdit dans les mines sujettes à des dégagements instantanés de grisou, sauf pour les lampes électriques portatives et le tirage des coups de mine.

Dans les autres mines à grisou, il ne peut être fait d'installations électriques que dans la colonne des puits d'entrée d'air, aux recettes d'accrochage de ces puits, et dans les galeries qui reçoivent de l'air venant directement du puits et n'ayant circulé dans aucun chantier en couche, ainsi que dans le voisinage de ces recettes ou galeries.

Des câbles armés peuvent, avec l'autorisation service du

local, être placés dans les retours d'air des mines faiblement grisouteuses.

Art. 217. — Dans les mines à grisou, il ne peut être fait usage que d'exploseurs d'un type agréé par le ministre des travaux publics.

Les exploseurs doivent être solidement construits et constamment entretenus en bon état.

Art. 218. —Par exception aux dispositions de l'article 217, il peut être fait usage de signaux électriques ou de téléphone, sous les conditions suivantes, dans toutes les parties de mines à grisou, où l'examen de l'atmosphère, fait au moins une fois par jour, n'indique pas une teneur en grisou de plus de 4 millièmes :

1° Les conducteurs à demeure doivent être placés sous câbles armés ; les câbles souples doivent être protégés par des tresses métalliques ;

2° Les câbles sont posés le plus près possible du sol des galeries et à l'abri de toute cause de rupture ;

3° Les prises de courant sont protégées par une couche d'huile de 5 centimètres au moins ;

4° Les appareils pouvant donner lieu à une production d'étincelles sont enfermés dans des boîtes pouvant résister à une explosion intérieure de grisou ; ces boîtes doivent être construites et entretenues de telle manière que l'inflammation ne puisse se communiquer au dehors.

L'emploi des signaux doit être immédiatement suspendu si le grisou apparait en quantité supérieure à 0,75 °/₀ aux abords de l'installation ou en un point quelconque du circuit d'aérage entre l'installation et le puits d'entrée d'air.

SECTION IX

Isolement, mesures, vérifications et visites.

Art. 219. — Les installations doivent être maintenues en bon état d'isolement.

Les isolements par rapport à la terre sont vérifiés au moins tous les trois mois pour les distributions établies à demeure et une fois par mois au moins par les parties non installées à demeure. Les isolements entre conducteurs de polarité ou de phases différentes sont vérifiés au moins tous les six mois. Les résultats de ces vérifications sont consignés sur un registre qui est constamment tenu à la disposition du service des mines.

Les défauts d'isolement doivent être recherchés et réparés aussitôt qu'ils ont été décelés.

Art. 220. — Les canalisations non établies à demeure et les moteurs amovibles doivent être visités au moins une fois par semaine.

TITRE XIII

Hygiène des chantiers.

Art. 221. — Des mesures doivent être prises pour éviter la stagnation des eaux et l'accumulation des boues dans les chantiers et galeries.

Art. 222. — Il est interdit de souiller la mine par des déjections.

On ne peut s'exonérer au fond que dans des tinettes mobiles, dans des wagons, ou dans les remblais que l'ingénieur des travaux a désignés comme suffisamment secs.

Les tinettes sont tenues en constant état de propreté.

Les tinettes et les wagons sont nettoyés au jour.

Art. 223. — De l'eau de bonne qualité, pour boisson est mise à la disposition du personnel au fond et au jour Pour le fond, une consigne de l'ingénieur de la mine indique, suivant les besoins, les conditions de la distribution.

Art. 224. — Toute mine doit être pourvue, au fond et au jour, des objets nécessaires pour faire aux blessés les petits pansements.

Tout siège d'extraction desservant des travaux où sont simultanément occupés, au poste le plus chargé, plus de vingt-cinq ouvriers, doit être pourvu d'un brancard au moins, approprié au transport des blessés et des malades.

Lorsque le nombre des ouvriers, au poste le plus chargé, dépassera cent, une salle destinée à recevoir les blessés et les malades et à leur donner les premiers soins est aménagée au jour.

Le transport des malades et blessés à domicile ou à l'hôpital doit, en outre, être assuré dans des conditions satisfaisantes.

Art. 225. — Toute personne en état d'ivresse doit être immédiatement expulsée de la mine et de ses dépendances.

TITRE XIV

Plans et registres.

Art. 226. — Pour chaque mine, il est dressé un plan des travaux orienté au nord vrai et repéré par rapport à une ligne d'orientation tracée sur le sol, qui servira de base pour le réglage des instruments, soit optiques, soit magnétiques.

La position de la ligne d'orientation peut être vérifiée et rectifiée, s'il y a lieu, par les ingénieurs des mines.

Art. 227. — Les plans des travaux sont dressés à l'échelle de 1 millimètre par mètre et divisés en carreaux de 10 en 10 centimètres.

Il est tenu un plan pour chaque gîte ou couche ou pour chaque tranche.

Les cotes de niveau des points principaux tels que les orifices des puits ou galeries, les points de jonction des galeries avec les puits et des galeries entre elles, par rapport à un plan horizontal de comparaison dûment repéré, sont inscrites en mètres et centimètres sur les plans.

Il est tenu, en outre, sur papier transparent, un plan d'ensemble des travaux à l'échelle de 1 mètre pour 2.500 mètres ou 1 mètre pour 5.000 mètres; le plan de la surface prévu par le décret du 14 janvier 1909 est dressé à la même échelle et indique les limites de la concession, la position des objets de surface tels que maisons ou lieux d'habitations édifices, voies de communication, sources minérales, canaux, cours d'eau, ainsi que le tracé des propriétés, territoriales.

Art. 228. — Les faits importants de l'exploitation doivent être inscrits sur le registre d'avancement; on y mentionne notamment les dates de l'ouverture et de l'avancement progressif des travaux, l'allure du gîte, le jaugeage des eaux, la situati n, la nature et l'importance des dégagements de gaz, ainsi que les incendies avec indication des mesures prises pour les combattre.

L'exploitant consigne sur le registre les circonstances et conditions de l'abandon des puits débouchant au jour et des puits intérieurs, des galeries et quartiers de l'exploitation.

Art. 229. — Le registre de contrôle journalier des ouvriers, prévu par le décret du 3 janvier 1813, doit être tenu de manière à permettre, autant que possible, de connaître à tout instant le chantier ou le travail auquel un ouvrier est occupé.

TITRE XV

Dispositions diverses.

Art. 230. — Les dérogations aux prescriptions du présent règlement, qui sont expressément prévues comme pouvant être données par le service local, sont accordées sur la demande de l'exploitant par le préfet ou par l'ingénieur en chef des mines délégué par le préfet à cet effet

Indépendamment des dérogations ainsi prévues, le préfet peut, sur l'avis des ingénieurs des mines, accorder toutes autres dérogations aux dispositions du présent règlement; mais les décisions accordant ces dérogations ne sont exécutoires qu'après approbation du ministre des travaux publics, sur avis du Conseil général des mines.

Si les demandes visent des installations établies antérieurement au présent décret, ces installations peuvent être maintenues provisoirement sans modifications, jusqu'à ce qu'il ait été définitivement statué sur les dérogations.

Art. 231. — Le présent règlement ne fait pas obstacle aux mesures qui peuvent être ordonnées, soit par le préfet, en application de l'article 50 de la loi du 21 avril 1810, modifié par la loi du 27 juillet 1880 et par la loi du 23 juillet 1907, soit, en cas de danger imminent, par les ingénieurs des mines, en application du décret du 3 janvier 1813, le tout sauf recours des intéressés au ministre des travaux publics.

Art. 232. — Le présent règlement ne sera exécutoire que six mois après sa publication ; jusqu'à cette date continueront à être appliquées les dispositions antérieurement en vigueur.

Art. 233. — Le ministre des travaux publics est chargé de l'exécution du présent décret, qui sera publié au *Journal officiel* de la République française et inséré au *Bulletin des lois*.

Fait à Rambouillet, le 13 août 1911.

A. Fallières.

Par le Président de la République :

Le Ministre des travaux publics,
des postes et des télégraphes,

Victor Augagneur.

St-Etienne, Société Anonyme de l'Imprimerie Théolier.

Récépissé

Je soussigné reconnais avoir reçu de la

Société des Mines de la Loire

un Extrait du décret du 13 août 1911, portant Règlement général sur l'Exploitation des Mines de Combustibles, destiné au personnel ouvrier.

Saint-Etienne, le *192*

Nom ....

Prénoms ....

Service ....

www.ingramcontent.com/pod-product-compliance
Ingram Content Group UK Ltd.
Pitfield, Milton Keynes, MK11 3LW, UK
UKHW022143170726
13837UKWH00004B/1745